시로 쓴 시인론

…시로 쓴 시인론

김광림 지음／1판 1쇄 인쇄 2005년 3월 5일／1판 1쇄 발행 2005년 3월 10일／발행처·푸른사상사／발행인·한봉숙／등록번호제2-2876호／등록일자 1999년 8.7／주소·서울특별시 중구 을지로 3가 296-10 장양빌딩 202호(100-847)／전화·마케팅부 02)2268-8706, 편집부 02)2268-8707, 팩시밀리 02)2268-8709／저작권자 2005 김광림／이 책의 저작권은 저자에게 있습니다.／이메일·prun21c@yahoo.co.kr, prun21c@hanmail.net／홈페이지·http://www.prun21c.com

ISBN 89-5640-318-X-03810

정가 8,000원

*저자와의 협의하에 인지 생략함.

詩시로 쓴 시인론

■ 김광림

푸른사상

한 마디

이 땅에서 나는 한 번도 본격적인 시인론詩人論을 다뤄 본 적이 없다. 젊은 시절 월평月評이나 연간평을 자주 끄적 거리다 보니 그리된 듯하다.

오히려 이웃나라의 현대시인들을 탐색 연구하다 보니 이들에 대한 시인론을 쓴 바 있지만, 이를테면『日本現代詩人論』이 그것이다.

70년대부터 평소 관심을 갖거나 주목해 온 시인들을 나 나름대로 이들의 시작詩作의 핵을 건드려 보느라 한 것이 이『詩로 쓴 詩人論』이 되었다.

한편 시인의 일화逸話나 돌연변이突然變異(죽음)를 메모하거나 애도哀悼한 것도 이 속에 포함시켰다. 그리고 교류가 있었거나 주목을 끌어온 해외 시인들의 것도 함께 다뤄 보았다.

2005년 초봄

金 光 林

차 례

한 마디 • 5

서시序詩

시인詩人 • 14
속續 · 시인詩人 • 15
시인詩人의 집 • 17
포에지 • 20
시인론詩人論 • 21

차례

I. 시詩로 쓴 시인론詩人論

유치환柳致環 • 24
　서정주徐廷柱 • 26
　　김현승金顯承 • 28
　　　박목월朴木月 • 30
　　　　조지훈趙芝薰 • 32
　　　　　박두진朴斗鎭 • 34
　　　　　　박남수朴南秀 • 36
　　　　　구　상具 常 • 38
　　　　　　김춘수金春洙 • 40

차 례

김수영金洙暎 • 42
김구용金丘庸 • 44
신동집申瞳集 • 46
정한모鄭漢模 • 48
조병화趙炳華 • 50
전봉건全鳳健 • 52
김종삼金宗三 • 54
이형기李炯基 • 56
박재삼朴在森 • 58
박성룡朴成龍 • 60

차 례

Ⅱ. 속續·시詩로 쓴 시인론詩人論

김종길金宗吉 • 64

김윤성金潤成 • 66

김남조金南祚 • 68

문덕수文德守 • 70

홍윤숙洪允淑 • 72

황금찬黃錦燦 • 74

전영경全榮慶 • 76

허만하許萬夏 • 78

고　은高　銀 • 80

차례

Ⅲ. 시詩로 쓴 시인詩人 메모

엽서葉書─박용래朴龍來에게 • 84
마지막 엽서葉書─이동주李東柱에게 • 86
시인의 죽음─구자운具滋雲에게 • 88
물기가신 초정艸丁 • 90
곡哭 박남수朴南秀 • 92
김종삼金宗三 가다 • 94
전봉건全鳳健도 가다 • 96
행려行旅─천상병千祥炳 소묘素描 • 98
나사와 결혼─성찬경成贊慶에게 • 100
시로 남긴 유언遺言을 보며─조사弔詞 구상具常에게 • 102
의사시인義士詩人─이육사李陸史 추모追慕 • 104
언어의 마술사 가다─대여大餘를 추도追悼하며 • 106

차례

독수리―S. 스펜더에게 • 108
꽃씨―기타카와 후유히꼬北川冬彦에게 • 110
어떤 생애生涯―야마노구찌 바꾸山之口貘의 해학성 • 112
10년 세월―가네꼬 미츠하루金子光晴를 생각하며 • 114
술도깨비가 가다니―다무라 류어찌田村隆一의 죽음 • 116
새삼 되새겨보는―기지마 하지메木島始의 흔적 • 118

서시 序詩

시인의 야윈 모습을 담기엔
움막도 족하다
진주 목걸이의
비곗덩이가 활보하는 거리에서는
가난은 짓밟혀도 좋은
질경이 풀이던가

시인詩人

≪25시≫의 작가 게오르규는
루마니아 사람
그가 이 땅에 왔을 때
시인을 갱 속 카나리아에 비유하며
「시인이 괴로워하는 사회는
병들어 있다」고
서슴없이 말했겠다

오늘 이 땅에서 벌어진
젊은 시인의 피살 소식을 들으며
선술집이나 대폿집은 예부터
가난한 시인에겐 메카인데
환락가 요정은 괄시받기 안성맞춤인 연옥이던가
시인이 맞아 죽는 사회를
게오르규여
대체 뭐라 표현하면 좋겠는가

속 · 시인 續 · 詩人

태양의 에너지를 뽑아내기 위해
수없이 허공에다
상상력을 날리고 있는
핵 물리학자
그는 오늘도 테라스에 앉아
수학 공식을 악보마냥 떠올리는데

이 지상의 공간마다
어떤 모습을 드러내고야 마는
건축사
개똥밭에 빌딩을
황무지에 뾰족탑을
어둠에 갇힌 지하엔
다시금 공간을 만들어 가는데

이 텅 빈
침묵의 시공에다
무수히 내던지는 언어
기어이 무슨 모양을 이룩하고야 마는
나도
허공에다

신나게 칼질을 하던
돈키호테도
우린 어차피
시인일 수밖에

시인詩人의 집

　A

토방土房 한 간間에
때국 낀 이불 한 채
담을 것 없어
차라리 정결한
식기食器들
재떨이에는
담배꽁초만 수북하다
이 집 주인은
시장한 염소를 닮았다
휘인 문짝
틈 사이로
간간이 들려오는
청량淸凉한
아침 트럼펫 소리

　B

난세亂世의 시인은
생활의 여울목에 서서

한 여성의 지아비와
자식들의 어버이가 되기를 포기한
위대한 떠돌이
라이너를 생각한다
오늘 그가 남겨 놓은
한 다발의 장미꽃과
고독의 그림자를 넘보며
생활에 철저히 실패하지 못하여
나는 또 보따리를 싼다

   C

시인의 야윈 모습을 담기엔
움막도 족하다
진주 목걸이의
비곗덩이가 활보하는 거리에서는
가난은 짓밟혀도 좋은
질경이 풀이던가
아아 손풍금을 울리며 다니는
눈 먼 악사樂士여
그대 골백번 되풀이하는

〈진주라 천리길을……〉
나 또한 어이 왔던고!

포에지

실험대實驗臺 위에서 떨어진
배가 불룩한 플라스크의 일순一瞬
정결한 산화散華를 본다
콘크리트 바닥에 흩어진 것은
소리인가
형태인가

아무리 동댕이쳐도
깨어지지 않는 책
간신히 뜯어낸 것은
어느 장
몇 구절인가
나와는
생판 무관한 말씀을 캐묻고 있다
할 일 없이
사람은 서서도 구겨진다
앉아서도 금이 가고
때로는 박살이 난다
진공眞空에는 소리가 없다
외양만은 멀쩡하다

시인론詩人論

새벽 잠결에
문득
"철학哲學하는 것이
죽는 것을 배우는 것이라면
그린다든가 혹은
조각하는 일은
사랑하는 법
사는 법을
배우는 것"
이라고
이브 본느프아가
자코메티의 작업에 대해
일부 몽테뉴의 말까지 인용한 말이
생각나

그만
자리를 박차고 일어나
그럼 돈벌이도
생활 꾸리기도
더더욱 영달榮達하는 법도 아닌 것을
죽도록 부여잡고 있는

시詩한다는 것은
도대체 뭘 배우기 위함인지

지금껏
남이 못 보는 걸 보고
못 듣는 걸 듣고
못 느끼는 걸 느끼려 했건만
그게 바로
사는 법과 사랑하는 법
그리고 죽는 법까지
몽땅 배우는 게 아닌가 싶어지는

그래그래
이 사이비似而非 도식자徒食者야

I. 시詩로 쓴 시인론詩人論

동목冬木에 남아 있는 연시軟柿같다
주인은 부재중不在中
십여 년 전
신라新羅와 소통하러 나간 채
쉬 돌아온다는 기별 뿐

유치환 柳致環

부둣가 목로
속을 비운 술통들이 차례로 넘어지고
취기를 넘어선 의지만이
우두커니 앉아 있다
드러난 암초모양
갈매기의 울음을 사살하고
돌아오는 똑딱선
뱃고동의 감상일랑
아예 귓전으로 흘려 버리지만
참극의 마지막 장면처럼
끊긴 동백가지
순정을 피처럼 토하고 있다

■ 유치환(1908~1967)

서정주徐廷柱

동목冬木에 남아 있는 연시軟柿같다
주인은 부재중不在中
십여 년 전
신라新羅와 소통하러 나간 채
쉬 돌아온다는 기별 뿐
시 속에 먼저 떨어져
우선 주술呪術을 익히고
점占괘도 보고
마당귀신과 술자리도 같이하다가
시 속에 떨어져 오는 시인을
사로잡기도 하는
썩 잘 짜여진 삼베 끈
그대 말씀은
곧잘 사람을 홀리는 메아리 같다

■ 서정주(1915~1967)

김현승 金顯承

선인장仙人掌을 돌로 찍어
갈증을 달래던 사람은
십자가를 졌지만
그대는 가문 옥토沃土에
눈물 한 방울
쑥색 고독을
차茶처럼 달여 마셨지만
나목裸木에 박은 딱따구리의 부리는
영영 침묵의 말씀으로 남아
대쪽으로 갈라져서
무등산無等山이 몸서리치는
소리가 되었구나

■ 김현승(1913~1975)

박목월 朴木月

되도록이면
헐거롭게 맞춰 신은 신발이다
뒤꿈치가 끌려 다니는
생활의 여운
난동暖冬에도 꽃을 피우는
어수룩한 나무이다
연한 채찍으로 슬슬 몰고 가는
그대 서정은
구수한 숭늉 맛이다
요즈막엔
알이 작은 제주산濟州産 귤의 감미
그대 예지叡智는
심연深淵 위에 뜬 가랑잎이다

■박목월(1916~1978)

조지훈 趙芝薰

월정사月精寺 뜨락에 달빛이 깔렸다
한 번 불려간 바람은
다시 돌아오지 않는다
너무 이르게
짚었다
버린
단장이여
오늘은
고전古典의 바다 밑을
한 마리 발이 긴 게가 가고 있다
느슨하게 흔들리는 산호의 숲
해묵은 기침소리 들린다
그대 산책은
다할 날이 없고녀

■ **조지훈**(1920~1968)

박두진 朴斗鎭

산, 바다, 하늘
그리고 해
또 메시아에의 갈구渴求
흥건한 땀방울
심한 기침 같은
절규絶叫다
절규
목젖은 부어올라
소리 안 나는 소리의 극한에서
가라앉힌 분화噴火
눈 씻고
다시 보는
내일의 산, 바다, 하늘
그리고 해

■박두진(1916~1998)

박남수 朴南秀

피아노 건반을 두들기는
소리가 난다
어김없는 박자
맞아 떨구는 하모니
영롱하게 맺히는
아침 이슬이다
조형造型되는 풍경
명료明瞭를 보고
물상物象을 차례로 완성한다
폭포에서 내리는 물이
낱낱의 물방울로 되었다가
가루가루 흩어질 때
(나는 그 소리 이는 그 진폭振幅)
흔들리는 배경이다

■박남수(1918~1994)

구상具常

초토焦土가 된 수도원修道院의 넓은 마당이다
부서진 파이프 오르간의 음계音階를
밟아 내리는
겨울 까마귀
약초藥草를 캐러
흩어진 사도使徒들로부터는
한 치의 복음福音도 전해 오지 않는다
이중섭李仲燮이 잠시 이 곳을 다녀간 후
무너진 종루鐘樓에서 내려오는 길이라 했다
폐肺 한 쪽으로 산다는
다시 황야荒野에 나서겠다는
맨발의 그는……

■ 구상(1919~2004)

김춘수 金春洙

언어로 만든 새가
나뭇가지에서 황금의 깃을 치고 있다
부리에 닿은 열매가
주석 방울이 되어 흔들리고
마른 잎을 날리는
존재의 가장 부신 음향音響
뜨락에 그득하다
릴케여
너를 추적하던 철필鐵筆은
이젠 친전親展에도 저항을 느끼는 듯
꼬나문 담배가 타들어가도
손떼지 않는 입술
떨리고 있다
한 번도 초대되지 않는 손님
우제느 민코프스키의 노크 소리

■김춘수(1922~2004)

김수영 金洙暎

선량善良해 보일수록
더욱 쓸쓸해지는
큼직한 눈
한 번 적의敵意를 타면
불 속도 풀밭같이 내달았다
물 한 모금 베풀지 않는
아리조나 벌판을
거칠게 달리다가
한껏 도약跳躍한
낭떠러지의 말
기旗는 꽂는 대로 쓰러졌지만
뒷발에 채인 질서는 돌아오지 않았지만
지금은 액틀 속에 들어앉아
파블로 카잘스의 연주를 지켜보는
밖에는 검은 눈도 내리고 있다

■김수영(1921~1968)

김구용 金丘庸

삐적 마른 자태는
학鶴을 닮았지만
매양 육중한 쇠바퀴 소리를 낸다
석탄石炭을 퍼먹곤 속을 태우며
철로를 구르는
기관차여
기적汽笛도 사치하여 질식시키고
몸살나는 승객을 사절한다
제동制動이 걸리잖는 줄기 찬 폭주 앞에
물상物象은 모조리 바람결이 된다
높이 뜬 새가 구름 밑에 얹혀져
바삐 바삐 가고 있다
풍경風景을 뭉개버렸기 때문이다

■김구용(1922~2001)

신동집 申瞳集

산을 타는 사람은 헤맨다
잎새 하나 가려 길을 놓치고
꽃 한 포기 새로 돋아 내쳐 걷는다
이름 모를 새소리에 해가 빠지는
어느 봄날
그를 따라 나섰다가
향방向方을 잃고
한참 겉돌았다
떡갈나무 숲을 헤치며
저만치 앞서 돌아가던 그가
(길이 여기 있었구먼……)
웅얼이는 소리
아지랑이처럼 들렸다

■신동집(1924~   )

정한모 鄭漢模

그는 이웃의 바람까지도 받아들인다
햇볕은 내돌리고
납작한 언덕받이
뜨락을 거닐고 있다
베레모帽를 쓰고
도·미·쏠
레·파·라
곧잘 화음和音한다
그는 못박지 않고 조립하고
그는 잘라내지 않고 꿰매고
그를 대하면
아가의 방房처럼 아늑해진다

■ 정한모(1923~1991)

조병화 趙炳華

볼펜 한 자루와
스케치북 한 권과
진한 커피 한 잔
언제
어디서나
아무개하고나
맞잡을 수 있는 손
손은 노스탤지어의 시와 풍물風物을
그릴 수 있다
던힐을 물고
천천히 그는
만났을 때의 고독과
헤어졌을 때의 해후邂逅를
새김질하고 있다

■ **조병화**(1921~2003)

전봉건 全鳳健

갈대숲이 술렁이며 날개를 펴는
공작孔雀의 일순一瞬
폐막閉幕은 언제나 화사華奢하다
음계音階마다
생선이 튀어나오게
건반鍵盤을 두들기는 사람
미끄럼대를 타는 아이에겐
햇덩이를
눈깔사탕마냥 하나씩 물려준다
그는
1950년의 정적靜寂
전쟁이 박아놓은 말뚝을 뽑아내고 있다

■전봉건(1928~1988)

김종삼 金宗三

갈퀴엔
늑골肋骨만 걸려 있다
곰국을 끓여도
기름 한 방울 뜨지 않는다
X레이에 비친
골격骨格과 잔해殘骸의 세상
넥타이를 매는 날이
목조르는 날이다
    피카소는
    생선을 먹는 것이 아니라
    뼈를 조형造型한다
되도록이면 가장귀를 쳐낸
공간空間
까마귀가 나는 그대 본적本籍은
잡풀에 가린 아우슈비츠 뒷마당이다

■김종삼(1921~1984)

이형기 李炯基

너의 여름은
직사광선直射光線의 졸도와도 같다
마른 번개가 친다
생선을 문 개가
아스팔트 위를 질주한다
도척盜跖의 의지를 좇고 있다
구천九天에 자재自在로운
천수보살千手菩薩의 손 한 가닥
또 자라고 있다
물상物象은 끝내 부숴 버리는 것
부서진 뜻밖의 사태에
그는 놀라지 않고
미소微笑로 대한다
무서운 아이
말세리노 생각이 난다

■이형기(1933~2005)

박재삼 朴在森

너를 만나면
창경궁昌慶宮 숲 속에 들어서는 느낌이다
송진내가 난다
때까치 소리도 난다
문명文明의 한가운데
어쩌다 피어난 송이버섯이다
토란국은
만지러워서 내 입맛에 닿지 않지만
너를 만나면
육자배기 명창名唱
토방土房에 군불을 지피고
막걸리 타령이라도 하고 싶어진다

■박재삼(1933~1997)

박성룡朴成龍

황토黃土 오솔길에서 만나면 된다
아무렇게나 돋아난 풀섶에
코스모스 한 가닥 곁들이면 된다
풀물이 들도록
뒹굴고 싶은
아침 이슬
그대는
동물정기動物精氣도
광물질鑛物質도 아니다
무진장 수액樹液을 보듬은
다만 흔들리는 부패성腐敗性 식물
씽긋이 바람이 불고
절로 가슴이 열리는
교외郊外가 된다

■박성룡(1934~2002)

Ⅱ. 속續·시詩로 쓴 시인론詩人論

시를 언어로 쓰는 게 아니라
색보다 더 뚜렷한 선으로
그려내고 있는
존재를 만나려는 작의作意가
너무도 뚜렷해

김종길 金宗吉

바라볼수록
더 보게 되는

멀어질수록
더 어엿해지는

햇볕이 쬐거나
구름이 끼거나
우박이 치거나
한결같은 그 모습

좀처럼
희로애락喜怒哀樂을 드러내지 않는
천지현황天地玄黃만을 지탱하고 있는 듯한
바로 그런 산세山勢랄까

■김종길(1926~   )

김윤성 金潤成

한 때는
미당未堂과 좀
소리 높인 적도 있지만
지금은 조용히
은거하다시피 하고 있는
즉물적卽物的인 시인
눈 부릅뜨고
목청 돋구기 일쑤인
어수선한 판국에
사상事象의 근원을 투시하다 못해
끝내 존재성에 휘말려
새삼
— 이게 뭐지
하는
어수룩하게 깨어있는 목소리가
간간이 들려와

■김윤성(1925~   )

김남조 金南祚

소리내지 않고
뻗어나는 가지

웃음을 머금은 채
환히 벙그는 꽃

한 겨울에도 한껏
고요로 요동치다가
느닷없이
우러르는
가지 끝

어느새
시공時空을 넘어선 정상에
정념情念의 깃발이
펄럭이고 있어

■김남조(1927~   )

문덕수 文德守

시를 언어로 쓰는 게 아니라
색보다 더 뚜렷한 선으로
그려내고 있는
존재를 만나려는 작의作意가
너무도 뚜렷해

하기사
존재하는 존재자를 만나기는 쉬워도
존재자의 존재를 구명하기는
창槍으로 구름 찌르기

어쩌다
뭉게구름에 휘말려
혼수상태에 빠져들다가도
끝내 존재자의 존재를
죽음으로 몰아가는 듯

■ 문덕수(1928~   )

홍윤숙 洪允淑

노래하듯 부드러운 음정의
전동차電動車 목청 보담야
깡마른 기적소리 토하는
증기蒸氣기관차의 외침이
때론 그리울 때가 있어
도무지 갈피를 못 잡고
허둥대는 세태 속에선
만상萬象을 찢어발기는 듯한
우렁찬 그 소리가
차라리 좋아
천동天動소리마저 아쉬운 요즘
속 깊이 간직한 채
마구 내닫다가
끝내 터뜨리고야 마는
바로 그 소리가

■홍윤숙(1925~   )

황금찬 黃錦燦

아직 이 땅에는
후백后白의 나이보다 더한 시인은 없지
2·30대에 요절夭折하거나
6순을 넘기기도 버거웠지

이런 우리 곁에
9순을 눈앞에 둔 채
해마다 싱그러운 새 순筍과
앙증스런 꽃을 피워
젊은 가슴 소용돌이치게 하고는
나긋이 어루만져 주기도

곧잘
북한산 새소리도 내면서
연하의 교목대喬木帶와도 잘 어울리는
생기발랄한 노목老木이시여

■황금찬(1918~   )

전영경 全榮慶

거꾸로 내갈겨도
희한한 글 솜씨
닥치는 대로 끄적이건만
의미만은 뚜렷해

전형적인
함경도 사투리의
이 옹고집

서사敍事와 진술로
장황하게 늘어놓는
풍자와 야유의 익살꾼

노상
고목枯木 가지에서 울부짖다가
어느 날 홀연
종적을 감춰버린
독수리가 되다만 까만 새

■전영경(1930~   )

허만하 許萬夏

시 보담야
이름이 더 알려진
시인이 있는가 하면
이름보다
시만이 알려진 시인도 있지
이 모두를
의식하지 않은 채
오로지
목탁木鐸만을 두들기듯
시상詩想을 조탁彫琢하고 앉았는
오호라
탈속脫俗이나 고고孤高따원
애당초
안중眼中에는 없는 듯

■허만하(1932~   )

고은高銀

남북의 영수領袖가 손을 맞잡는
역사적인 바로 그 순간
그 한가운데
부활復活한 모세 마냥
우뚝 서 있던 그
세계 어느 나라 시인치고
이런 엄청난 씬을 연출해낼 수 있을까
그가 마련한 대량의 전집물보다도
더 깊이 뇌리腦裡에 박혀있어
그야말로
이 땅에서 처음 보는
시인 정치가
일찍이 W·H 오든은
"시가 살아남는 장소는 정치가들이
손댈 수 없는 작은 계곡溪谷"이라 했건만
그는 마치 백두白頭와 한라漢拏를 양손에 거머쥔 듯
천지天池와 백록담白鹿潭을 합치려는 기세氣勢였지

■고 은(1933~   )

Ⅲ. 시詩로 쓴 시인詩人 메모

그는 이 세상에서
가장 높이 날 수 있는 새가 되어
사악邪惡한 눈을 파먹는 부리와
병든 영혼을 피나게 할퀴는
오만한 발톱이고 싶어한다

엽서葉書
— 박용래朴龍來에게

콩서리의 불길은 보이지 않지만
들판엔 구수한 자색紫色 연기

눈시울이 따가와
눈물도 많다
소매깃 적셔가며
즐기던 콩서리 그 아이

어휘語彙의 무우밭이다
그대 작품은
황혼黃昏의 낟가리에서
검불을 깡그리 추려낸 짚 한 단
토방土房
누룩 뜨는 내음에 취해 있는 사람
용래龍來여
거리의 매연煤煙은 눈물을 말린다

—게 있거라 그냥

■박용래(1925~1980)

마지막 엽서葉書
―이동주李東柱에게

그대는 누워
삐걱이며 다가오는
환상의 수레바퀴 소리를
듣고 있는가

제야除夜의 종소리가
은은하게 울려 퍼지는데
또 하나의 귀한 목숨이
촛불처럼 깜박이고 있는데

이승의 마지막 전화벨은
혼자 울고 있는가

그대는 이미
나들이 채비를 하고
허허한 공간으로 향하는 수레 위에
앉아 버렸는가

■이동주(1920~1979)

* 1978년 제야除夜에 병상의 이동주 시인을 생각하며 쓴 시詩. 그는 이듬해 1월 28일 구정舊正에 위암胃癌으로 타계他界했다.

시인의 죽음
— 구자운具滋雲에게

성한 두 다리로도
걷기 어려운 세상을
마비된 외다리를 끌고
용케도 예까지 걸어 왔구나
곧이곧대로

악수를 청해도
헐거러웠던
그대 힘없는 손이여
붓을 잡으면
아무도 막을 수 없었다
그 저력底力을

몰골은 사납고
비쩍 말랐지만
언제건 차 한 잔의 대화와
회포의 대포잔을 기울일 시간을
휴대하고 다닌 여유의 사람

12월의 사온四溫날을 택해

아폴로 17호의 귀환과 엇갈려
지팡이도 없이
절룩거리며 떠나간 시인
구자운具滋雲

이제 성했던 외다리마저
볼 수 없게 되었구나

■ **구자운**(1926~1972)

물기가신 초정艸丁

처음
물기가 있을 때 만난
초정艸丁은
고루하기가
골동품 같았다

고집스럽기
짝이 없던
그 딴의
희한한 세계

손수 파고 뚫고 갈고 갈다가
끝내
녹초가 돼버린
휠체어 신세

이젠
한 발도 내딛고 싶지 않은가 보다
디지털 바닥을
물기가
싹
가신
초정艸丁이여

■김상옥(1920~2004)

곡哭 박남수 朴南秀

살아서는 못 누리는 귀향을
저승길에서라도
잠시 들러 볼 요량으로
홀연 이승을 하직하셨습니까

김포金浦에서 손을 흔든 지
꼭 열아홉 해
1994년 9월 17일
새벽 두 시

불과 추석을 사흘 앞두고
송편을 빚어 줄
아내를 찾아
기어이 떠나야만 했습니까

고국이 서쪽인지 동쪽인지 어림짐작도 안 가는
이국 땅 뉴저지에서
어이 눈을 감으셨습니까

선생님!

■박남수(1918~1994)

김종삼金宗三 가다

잡문雜文 나부랭이 한 줄 안 쓰고
끝까지 버틴 예순 세 해
실은 안 쓴 것이 아니라 못 쓰고
순수하게 지탱한
시작詩作 생활을
청바지 뒤꽁무니에
아무렇게나 쑤셔 넣고 다닌
원고지 몇 장
도깨비 놀음 같은 세상에
장난치러 왔다가
훌쩍 떠난 것이 분명해
이젠 제신諸神들과 어울리겠지
6·25 때 헤어진 전봉래全鳳來랑
단짝이던 임긍재林肯載랑
한동안 격조했던 김수영金洙暎과 만나면
개새끼 새새끼 또 하겠지
오늘 아침
광화문 네거리가 좀 허전하긴 해도
하나도 슬프지 않으니
자선慈善 냄비가 없어도 되는 곳에
그가 가버린 때문일까

■김종삼(1921~ 1984)

전봉건全鳳健도 가다

50년대 현대시의 기수
전봉건이 갔습니다
6·25 38주년을 열사흘 앞두고
눈을 감았습니다
남북의 전란으로 피멍이 들고
폐허가 된 가슴입니다
실향의 아픔으로 병난 사람입니다
88올림픽을 불과 석 달 앞두고
흙에 묻혀버렸습니다
그는 죽은 게 아닙니다
귀를 막은 겁니다
입을 다문 겁니다
펜을 놓은 겁니다
다시는 일어나지 않으려고
벌렁 누워버렸습니다
유난히 넓었던 이마
자꾸자꾸 내리던 햇살입니다
가장 높이 날고파
매부리코를 지녔습니다
좀 쑥신 듯

휘청걸음으로
멀리멀리 떠돌아다니던 돌밭을 두고
50년대 폐병廢兵시인 전봉건이 갔습니다

■**전봉건**(1928~1988)

행려行旅
— 천상병千祥炳 소묘素描

그는 수집벽蒐集癖이 붙은 어린애마냥
늘 호주머니가 불러있다
주화 한 닢 움켜쥔
손이 들어 있다

(한 잔의 소주값인가
　　어디론가 슬쩍 떠나가 버릴 차삯인가)

그는 부신 것이 싫다
그래서 햇빛을 피한다
게슴츠레 눈을 뜬다
그에게는 여자도 부신 것이 된다

그는 뒷골목에서 삐져 나와
휘청거리며 담벼락에 기대선다
비스듬히 오줌을 갈기고
개운해진 육신을 부르르 떤다

그는 이 세상에서

가장 높이 날 수 있는 새가 되어
사악邪惡한 눈을 파먹는 부리와
병든 영혼을 피나게 할퀴는
오만한 발톱이고 싶어한다

■ **천상병**(1930~1993)

나사와 결혼
— 성찬경成贊慶에게

결혼식장 가는 길에
시인 성찬경은
연방 나사를 주워 올리고 있다
20년 전의 그 버릇
상기도 못 버린 모양이다
—늘그막에 암나사 찾아다니는 게로군
죠크를 건네자
—아냐 숫나사가 더 눈에 띄어
선뜻 밖으로 타래진 애기 손가락만한 걸
내보이다가
훌쩍 또 뛰쳐나간다
—그 눈 참 밝기도 하다
이번엔 아주 신바람이 났던지
싱글벙글 눈웃음까지 친다
—이거 암나사야
황소 눈깔보다 더 커 보이는
이건 아무래도 제대로 찾아낸 것인 듯
안으로 휑하니 굽이굽이 타래져 있다
지금 우리는 분명 남녀가 결합하는 곳으로

바삐 옮아가고 있는데
―옳지 결혼이란 암·숫나사를 끼워 맞추는 일이런가
순간 나도 모르게 중얼대고 말았던 것을

■성찬경(1930~   )

시로 남긴 유언遺言을 보며
— 조사弔詞 구상具常에게

「저승의 문턱에서」라는
마지막 시를 남긴 채
한강변漢江邊에서 훌쩍
자취를 감춰버린 시인이시여

  (중환자실에서 오래도록
    자기를 돌보는 이들을
    더 이상 괴롭히지 않기 위해
    스스로 산소호흡기를 제거했다며…)

구상具常이란 성함 그대로
늘 갖추고 있던 따스한 인간성과
그윽한 인생철학을
무상無常으로 마감해 버렸으니
내 가슴 한 귀퉁이가 무너지는 듯하이

오늘도 강물은 말없이 흐르건만
그대가 다 하지 못한 정념情念일랑
물살이 굽이쳐 흐르며 휘젓고 있음을
오오라 이제사 깨달음이여

■ **구상**(1919~2004)

의사시인義士詩人
— 이육사李陸史 추모追慕

마흔에 삶을
이국異國 감옥에서
마감한
안동安東 양반 출신의
의사시인義士詩人이시여
그대 한恨은
끝내 일제의 쇠갈퀴를
꿰뚫고 치솟은
죽도竹刀마냥
우리들 가슴에 성큼
다가와

■이육사(1904~1944)

언어의 마술사 가다
— 대여大餘를 추도追悼하며

무의미의
언어 마술사랄까

어쩌다
정치적 타협의 흔적이 보이긴 해도
고고孤高 일변도一邊倒의
고집스런
발자취

동・서・남해의
물굽이가 합치는 통영統營 바닷벌에서
청마靑馬 마냥 치솟은
20세기 우리 시단의
또 한 줄기
소용돌이랄까

■김춘수(1922~2004)

독수리
― S. 스펜더에게

고목古木 맨 윗가지에
독수리는 앉아 있다
조으는 듯
축 늘어진 깃
실은 섣불리 움직이는 일의
역겨움을 볼 수 있다
날짐승의 지저귐을
귓전으로
의연하게 앉아 있다
코카서스 산정에서 간肝을 파먹다가
날아들었는가
부리에는 피가 묻은 채로다
때로 감았다 뜨는 눈초리가
매섭게 빛나고 있다
에베레스트
맨 꼭대기에
한국의 발이 처음 닿던 날
나는 비로소 정상頂上의 높이를 실감했다

■ S. 스펜더(1909~1995)

영국시인 비평가. 18세 때 팸플릿시집『아홉 가지 실험實驗』을 발간. W. H. 오든, C. D. 루이스와 더불어 30년대의 가장 유력한 시인의 한 사람. 2차대전 후에 가톨릭에 대한 관심을 보이고 있다. 1977년에 우리나라에 내한한 바 있다.

꽃 씨
— 기타카와 후유히꼬北川冬彦에게

"꽃만이 이 세상에서 나에게 아름답다"는
어느 서정시인의 말을 생각다가
그 말을 되받아
육순이 넘어서야 비로소
꽃만이 세상에서 아름답다고
깨닫기 시작했다는
이국異國의 어느 노老시인
그이한테서 온
꽃씨
취부용醉芙蓉꽃 마른 대궁이
한 송이를
소중히 간직해 온
어느 여류시인의
"나에겐 꽃씨를 뿌릴 뜰이 없다"는 새삼스런 말이
꽃만이 이 세상에서 아름답다는 말씀보다
더 실감나는
요즈음

■ 기타카와 후유히꼬 北川冬彦(1900~1990)

1970년 초여름 서울에서 국제펜대회 때 필자가 최초로 만난 외국시인. 20년 가까이 작품 교류를 하며 氏에게서 받은 편지만 52통. 네오리얼리즘을 주장한 시인. 즉 음악주의의 서정시, 지적 유희의 시, 현실노출의 시를 거부. 현실을 딛고 현실과 대결하며 현실에 잠입해서 현실을 끌어들여 새로운 시적 현실을 창조하려 했다.

어떤 생애生涯
— 야마노구찌 바꾸山之口貘의 해학성

신바람나게 덩실 춤을 추었다
지구地球의 벌거숭이 춤을
세상을 곧잘 웃겼다
기구崎嶇를 살다 간 시인 야마노구찌 바꾸山之口貘는
아픔을 유머로 바꿔치면서
거리바닥을 헤매었다
점잖아도 별 수 없었다
책을 꾸려들곤
여드름 주근깨 약을 팔러 다녔다
이 세상에 하도 빚이 많아
사람과의 구차한 관계를 끊으려 해도 끊기질 않아
자신을 반기는 사람에게까지도
— 누구시드라
그리고
무작정 상경하는 실업을 쓸어모았다
자신까지도
직업소개소에 넘겨버린
한 가출 소녀가
지지리도 못나게 흐느끼자
그는 기억의 장치와 마음마저 진작 전당포에 잡혀버렸는지

퉁명스럽게
— 눈물이 무엇이드라

■ 야마노구찌 바꾸 山之口貘(1903~1963)

중학교 중퇴의 학력으로 오키나와 섬에서 東京에 올라와 오랫동안 방랑 생활을 하면서, 분뇨처리인, 철물쓰레기 운반 등까지 하다가 직업소개소 관리가 되기까지 갖가지 일에 종사. 첫 시집 『思弁의 苑』(1938) 『山之口貘 詩集』(1940) 유고시집 『다랑어와 정어리』(1964) 등이 있는데 유머와 풍자가 넘치는 현실 비판을 거느리기도 한 시인.

10년 세월
— 가네꼬 미츠하루金子光晴를 생각하며

나이 70이 되어
외아들에 며느리가 생겨
손녀까지 얻고 보니
누군가의 행복을 슬쩍 가로챈 것만 같아
어쩔 줄 몰라 하는 이국의 노시인
가네코 미츠하루金子光晴를 생각하며

나이 60에
첫 손자를 점지받은 나는
행복은 아직 강 건너에 머물고 있어
미처 못 느끼고 있어도
분명 손자가 애인보다 좋아짐을
선언하고 나섰지만
그는 정력적인 물개를 자신의 표상으로 삼았고
나는 교활한 쥐의 생태로 세상을 풍자했지만

이름에 쇠金자에 빛光자
두 자나 같은 처지에
어이된 일인가
삶을 감지하는 깊이와 넓이와 높이를

이렇듯 달리함을

10년은 깜박할 사이에 지나간다고들 하지만
어이된 일인가
벌어진 10년의 세월이
이렇듯 엄청난 웅덩이를 마련해 놓고 있음을

■ **가네꼬 미츠하루**金子光晴(1895~1975)

세 군데 대학을 중퇴하고 첫 시집 『赤土의 집』(1919)을 낸 후 유럽에 건너가 2년 남짓 벨기에서 보내다 귀국길에 페르샤만에서 그간의 시작노트 10권 중 2권만 남겨놓고 모두 바다에 던져, 남은 2권 속의 하나가 시집 『풍뎅이』(1923)가 되었다. 그 후 12권의 시집을 더 남겼다.

술도깨비가 가다니
― 다무라 류어찌田村隆―의 죽음

넉 달 나흘을 못 참아
훌쩍 떠나가 버린
개미

세 시간 오 분을 대작하고도
끄떡없던 술도깨비가
종적을 감춰버리다니
가마꾸라鎌倉의 고주망태가 사라져
가뜩이나 재미없는 세상
더 따분하고 견디기 어렵게 됐군

마흔 네 살의 애숭이가
일흔 안팎의 흙·물·불*의 시인들을 상대로
좌담 사회를 하다가
누군가 불쑥
"디오니소스란 이스트菌"이라는 말에
번쩍 귀가 트였는지
그만 유쾌해졌다는
다무라田村님
외톨박이 ≪아레치荒地≫에서

끝내 못 버틴 1999를
이제부턴 염라대왕의 발바닥이라도 갉아대는
개미 떼
마냥 19999를 누리시길

* 西脇順三郎·金子光晴·吉田一穗

■**다무라 휴어찌** 田村隆一(1923~1998)

일본 전후의 대표시인. 궁극을 향한 끈질긴 의지의 소유자. 이 땅에서 발행된 열음사 세계시선④『사천의 낮과 밤』(1985)은 필자가 번역했다. 23권의 개인 시집과 4권의『시와 비평』이 있는데 필자는 1994년 가을 가마꾸라에 있는 氏의 자택을 방문 3시간 남짓 술을 마시며 시에 대한 대화를 했다.

새삼 되새겨보는
— 기지마 하지메木島始의 흔적

병든 몸으로
고작 7년밖에 사귀지 못한
이웃나라 시인 기지마 하지메

목소리가 안 나와
번번이
전화통화도 못하고

우리가 일제의 질곡에서 벗어나던
바로 그 전날에 해당하는 8월 14일
그대는 병고病苦에서 해방되어
훌쩍 저 세상에 가버렸다

오늘
그대가 언제나 편지 속에 그려 넣은
전각篆刻과 판화를 뒤적이면서
내사 그대의 장시
「일본공화국 초대 대통령에게 보내는 편지」를
한글로 옮겨 놓은 보람을
새삼 되새겨 보고 있으니

■ **기지마 하지메** 木島始(1928~2004)

일본 전후시단의 대표적 시잡지의 하나인 ≪렛도열列鳥≫ 동인으로 활약. 1991년 법정대학 교수 사임. 『회풍가回風歌·탈출脫出』 등 10권의 개인 시집과 번역시집, 에세이, 4행 연시連詩 다수.